AF310620

DE L'ADMINISTRATION

DES

ÉTABLISSEMENTS THERMAUX

Par J. DE VALRIVIÈRE.

PRIX : 1 FRANC.

PARIS,

IMPRIMERIE ADMINISTRATIVE DE PAUL DUPONT,

Rue de Grenelle-Saint-Honoré, 45.

1858

DE L'ADMINISTRATION

DES

ÉTABLISSEMENTS THERMAUX.

DE L'ADMINISTRATION

DES

ABLISSEMENTS THERMAUX.

remarque depuis quelque temps que, dans certaines parties de la France, les esprits et les intérêts
sont agités par la question de savoir s'il ne conviendrait
pas de livrer l'exploitation de nos établissements thermaux à l'industrie financière. Une telle préoccupation
serait sans inconvénients si elle ne faisait peser une
sorte d'incertitude sur la durée du régime actuel. Cette
incertitude produit à son tour un ralentissement trop
réel dans les améliorations qui étaient en projet; de la
situation présente, que rien de visible ne menace,
qu'aucune mesure ne semble compromettre encore, on
a fait un provisoire où tout languit. L'hésitation est
partout, dans l'administration comme chez les propriétaires ; personne ne se livre à des entreprises ou à des
actes qu'il craint de devoir abandonner, ou dont il
n'ose espérer les fruits. Sous ce rapport, des vœux
publiquement exprimés, avec une confiance peu réflé-
chie, n'ont pas été sans inconvénients ; et il n'y a pas

moins de légèreté peut-être à appeler sans cesse une compagnie comme un instrument nécessaire, inévitable. Par là on provoque gratuitement des exigences, que l'opinion ainsi préparée serait peut-être trop facile à subir. Pourquoi tant d'empressement à proclamer une prétendue impuissance, à décrier sa propre action, enfin à livrer son bien? L'inutilité des tentatives faites jusqu'à ce jour devrait d'ailleurs établir l'ordre dans les idées et calmer ces impatiences. Une seule compagnie s'est-elle formée? A-t-on vu se dresser à l'horizon de la Bourse quelque projet qui réponde à ces désirs? Les temps, d'ailleurs, ne sont pas favorables. S'il y a eu un moment où l'on a pu croire que l'esprit d'entreprise, dans les vertiges de son ambition, ne dédaignerait aucune conquête, est-il permis de lui supposer aujourd'hui les mêmes illusions? Ne s'expose-t-on pas soi-même à d'étranges mécomptes en examinant la situation du moment à travers le prisme du passé, en la colorant de ces teintes brillantes, mais fugitives, qui ne sont plus que dans les souvenirs?

Il faut d'ailleurs se placer plus près encore de la réalité. Un esprit éminemment pratique, et instruit de tous les actes de l'industrie, annonçait récemment que depuis que la loi du 17 juillet 1856 est devenue la règle de la commandite par actions, il ne s'est pas établi une seule société sous cette forme. Il ne faut donc pas espérer qu'il s'en créera une pour l'exploitation si dispendieuse et si aléatoire des eaux thermales de France. Une société ne peut se constituer dans ce but que sous la forme anonyme ; mais elle ne peut s'établir, par conséquent, que sous l'autorisation du Gouvernement. Or, est-il convenable que le Gouvernement abandonne à une compagnie l'exploitation de tous les établissements thermaux ? Le fera-t-il, malgré l'opposition des conseils municipaux et des propriétaires ? S'il reconnaît et s'il accepte des résistances, il y aura donc des établissements livrés à l'industrie ; il y en aura d'autres qui resteront fidèles à leur destination et à leur nature. Nous doutons qu'une compagnie voulût, dans ces conditions, accepter l'offre partielle qu'on semble lui faire. Les établissements qu'elle rechercherait le plus sont peut-être ceux qui auraient le moins de dispositions à se donner ; et nous doutons tout aussi bien qu'une compagnie voulût embrasser, dans une immense exploitation, l'universalité des sources minérales connues ou à découvrir sur le sol de la France. Et voilà, selon nous, l'une des causes pour lesquelles aucune compagnie ne répond aux provocations qu'on lui adresse.

Cependant il faut aborder le fond même du sujet.

La population qui fréquente nos thermes se compose de deux éléments : les oisifs et les malades ; ceux qu'il faut amuser et ceux qui ont la prétention de guérir ou d'être soulagés. Nous ne dirons pas que ces éléments sont incompatibles ou inassociables d'une manière absolue ; mais nous pensons qu'ils ne doivent se confondre que dans une certaine mesure et avec certaines précautions. Il y a des infirmités auxquelles le recueillement est nécessaire, et qui s'irritent au sein d'une atmosphère trop agitée; il y a des plaisirs impossibles devant le spectacle de certaines douleurs. Et cependant, que peut faire une compagnie à qui l'on a beaucoup donné, à qui l'on demande beaucoup, et qui doit satisfaire à la fois les exigences du cédant et l'avidité de l'actionnaire? Se livrera-t-elle à des améliorations de nature à plaire aux malades? Sans doute; mais le nombre des malades est heureusement limité, et nous ne pensons pas que la compagnie puisse l'augmenter selon la nature de ses besoins. Dira-t-on qu'elle aura des médecins chargés de ce soin? Cet argument de comédie ne trompera personne.

Elle devra donc s'adresser à l'autre élément, à celui qu'il est facile de multiplier par l'attrait du plaisir, par des séductions qui semblent une injure à l'impuissance des malades, et deviennent pour eux des supplices qu'ils doivent fuir. Des malheureux livrés aux plus vives souffrances ou tombés dans le découragement que produit toujours une altération plus ou moins profonde d'un organe vont chercher dans un désert étroit le calme, le repos et les bienfaits d'une eau salutaire. Il leur faut, par dessus tout, une vie sans agitation, et nous les enfermons fatalement dans un cercle de jeux, de spectacles, de concerts; nous les environs d'émotions et de bruit. Il y a là quelque chose de profondément gravé; et nous ne savons pas si nous ne pourrions pas dire que de telles tentatives sont contraires à la plus sacrée de toutes les lois, à la loi de l'humanité. Nous ne voulons rien exagérer, et cependant nous ne pouvons taire un rapprochement qui nous saisit malgré nous. Les sentiments les plus vulgaires ne permettraient pas que l'on élevât des autels au plaisir sur les champs ou près des champs où reposent les générations qui ne sont plus. Est-il convenable de les porter dans les asiles consacrés à ces populations souffrantes qui s'exilent de leurs foyers pour disputer un reste de vie ou de force contre les atteintes du mal?

Est-ce à dire pour cela que nous voulions chasser de nos thermes les récréations qui amusent la douleur, qui la font oublier, qui contribuent quelquefois à la guérir? Une telle opinion serait insensée; mais nous voulons des distractions et des jouissances qui ne soient pas en révolte contre l'hygiène; nous ne voulons pas que nos établissements se transforment en des lieux où l'entrepreneur, devenu l'intendant de la royauté nouvelle, la spéculation, usurpe la souveraineté bienfaisante du médecin. A notre avis, c'est le médecin qui doit régler la dose du plaisir; il peut seul décider comment il doit s'associer au régime des eaux. L'industriel ne peut prodiguer que des capitaux qui lui rapportent : il a donc besoin d'une grande liberté dans le choix de ses entreprises et de ses moyens. Mais s'il entre à Plombières, au Mont-Dore, à Baréges, aux Eaux-Bonnes pour y régner et y gouverner, il aura bientôt chassé de ces enceintes resserrées toute la population maladive qui les fréquente. Elle ne repousse pas absolument la joie, le bruit, les émotions; mais elle ne peut les accepter que dans la mesure de ses forces, et en les appropriant, en quelque sorte, à la délicatesse de son organisation.

Ce n'est pas tout : à côté de la question purement médicale, il en est une aussi puissante, aussi élevée, et qui suffirait pour entraîner nos convictions. Est-ce une chose indifférente que de créer sur la surface du territoire une infinité d'asiles consacrés au luxe, aux plaisirs, au sensualisme avide et oisif? Est-il prudent de porter jusque dans les hameaux les plus obscurs ces spectacles et ces tentations? Ne craint-on pas que les mœurs simples, mais déjà ébranlées, de l'agriculture et de la petite ville ne s'altèrent profondément à la vue de toutes ces ivresses et de ces élégantes débauches de la civilisation? Que ces féeries s'étalent et se multiplient au sein d'une capitale, nous ne pouvons lutter contre cette nécessité; mais faut-il, d'un autre côté, pervertir la nature des choses en jetant ces germes corrupteurs sur un sol qui n'est pas fait pour eux? On s'est plaint des théories funestes qui ont fait éclater des haines si énergiques contre certaines classes de la société, et qui ont semé des idées aussi fausses que dangereuses contre la répartition de la richesse ; le péril était social : il fallait s'en garantir à tout prix. Nous ne savons pas bien les faits; mais nous oserions croire que ces sentiments, ces idées, ces instincts jaloux, et plus ou moins agressifs, se sont montrés surtout dans le voisinage de nos établissements thermaux tels qu'ils sont aujourd'hui. Changez encore leur nature, développez mieux les conditions qui mettront plus en relief les inégalités nécessaires du sort et de la fortune, et vous pourrez bientôt juger, au changement des esprits, à l'altération des mœurs, de l'efficacité et de la puissance de votre œuvre.

Il est des intérêts égoïstes et mesquins que ces considérations ne touchent guère : ils ne comprennent pas qu'on puisse sacrifier à des craintes chimériques, inspirées tout à la fois par la morale et par l'humanité. Ils nous diront, en se servant de nos propres arguments : Si l'entreprise financière doit, à force de séductions, multiplier les oisifs; si elle peut, à son gré, donner aux établissements thermaux un nombre infini de visiteurs, quels bénéfices ne feront pas la propriété, l'industrie locales ! Et l'on voudrait renoncer à tant d'avantages par un respect superstitieux pour des éventualités incertaines ! Quoi donc ! des profits réels, sérieux, abandonnés pour des conjectures ou fausses ou hasardées ! Nous répondrons : L'industrie locale, la propriété dans le rayon des Thermes ne doivent pas asseoir leur prospérité sur les bases fragiles de la mode et du plaisir. On sait la loi de leurs rapides caprices.

on sait, et nous voyons tous les jours, la nouveauté de leurs transformations ; l'inconstance des goûts français et la rivalité des entreprises ne permettent pas qu'on s'amuse longtemps aux mêmes lieux et de la même façon. Voyez comme depuis quelques années seulement le champ des jouissances luxueuses tend à se déplacer ; chacunes d'elles n'a qu'un triomphe d'un moment ; et c'est pour cela que nous redoutons l'arrivée de l'entrepreneur dans nos Thermes. Il sait que son succès sera court ; il faut donc qu'il le fasse éclatant pour le rendre profitable.

Les intérêts matériels sont d'ailleurs multiples, et il faut les embrasser tous dans un large examen. Personne n'ignore qu'il s'est formé, auprès de la plupart des établissements thermaux, des stations médicales où les malades aiment à respirer, d'une saison à l'autre, les soufles de cet air qui a pu contribuer à leur soulagement. Leur présence dans les lieux où ils s'accumulent devient pour les villes qui les possèdent un élément de prospérité. Mais cet élément ira s'affaiblissant si l'on rend les établissements thermaux moins hospitaliers pour les malades, s'ils reçoivent une destination pour laquelle ils ne sont pas faits, si l'on change la nature des choses en consacrant à l'oisiveté blasée ce qui appartient à la maladie ; et il ne faut pas croire que quelqu'un possède une baguette pour faire éclore un Baden immuable partout où il existe une source minérale.

N'y a-t-il donc rien à faire pour l'amélioration de nos établissements thermaux ? Nous sommes de ceux qui pensent au contraire qu'ils sont loin des progrès que l'on doit désirer pour eux. Mais par quels moyens obtenir ce progrès ? Nous allons essayer de l'indiquer.

Nous ne pensons pas qu'il soit permis de méconnaître ou de contester l'utilité des eaux minérales. Les progrès de la science n'ont servi qu'à la mieux établir ; les théories les plus ingénieuses, les analyses les plus subtiles expliquent les observations qui servirent de guides à nos pères ; ces observations n'étaient peut-être pas moins sûres quand elles étaient produites par de grands esprits comme Bordeu, qui devinait à peu près toutes les choses que l'art moderne a su constater et mettre en lumière ; mais les intuitions du génie sont devenues de notre temps des principes ; elles ont eu des règles ; et s'il existe encore dans la composition des eaux minérales un mystère impénétrable peut-être à tout regard humain ; s'il y a là des causes qui ne se révèleront que par des notions plus étendues sur le magnétisme terrestre, il est certain, toutefois, que les connaissances acquises aujourd'hui permettront d'expliquer par des lois rigoureuses les soulagements que les eaux thermales apportent chaque jour aux souffrances de l'humanité.

Il faut bien dire aussi que ces établissements constituaient, il n'y a pas longtemps, une sorte de privilége ; la difficulté des communications, la dispendieuse

lenteur des voyages rendaient les sources inaccessibles
à la plupart des fortunes ; les fatigues d'ailleurs de
l'aller et du retour donnaient à l'état morbide une ag-
gravation qui détruisait l'effet des eaux, ou contre laquelle les eaux étaient impuissantes. Les chemins de
fer sont venus ; avec eux la célérité, des commodités
qui se prêtent à toutes les douleurs, jusque-là que des
lits s'offrent aux constitutions les plus affaiblies ; et l'on
a pu dire avec vérité de tel convoi qui court sur les
rails, que c'est un hôpital mobile qui se rend aux
eaux. Il n'y a donc pas de conditions aujourd'hui, il
n'y a pas d'état maladif qui ne puisse aller demander
aux sources minérales une guérison ou du moins une
amélioration qu'on est presque toujours certain d'y
rencontrer. Quelle est la conclusion naturelle de ces
faits ? c'est que les établissements thermaux sont de-
venus de véritables établissements d'utilité publique :
ils intéressent la masse générale des citoyens, et c'est
à ce titre qu'une loi a déjà déterminé le périmètre des
sources, et porté sur les enceintes ainsi limitées des
prohibitions et des servitudes qui ne peuvent peser sur
la propriété que dans les circonstances rares où un
grand intérêt public domine le droit civil. Cette légis-
lation protectrice était demandée au point de vue de
l'art, par la nécessité de conserver les sources, d'en
défendre la pureté contre les entreprises des hommes
ou les modifications du temps. Mais est-ce là tout ? et
aucune autre loi n'est-elle nécessaire pour élever nos

établissements au niveau des établissements étrangers, pour les mettre en harmonie avec les besoins d'une civilisation dont on peut regretter quelques excès, qu'il serait imprudent et funeste de ne pas favoriser dans son développement général.

Nous avons combattu la pensée d'une concession à l'industrie privée; on a pu juger nos raisons; nous n'aimerions pas, d'ailleurs, que l'administration française, souvent si ingénieuse et si active, signât dans l'acte des concessions un aveu d'impuissance sur son propre domaine; et nous ne voudrions pas qu'elle pervertît la nature des choses pour n'avoir plus le souci de les gouverner et de les diriger; mais nous pensons que pour le succès du labeur que nous voulons imposer à ses efforts, elle doit se modifier selon le caractère des faits, selon l'ordre des intérêts qu'elle se chargera de régir.

Quelle est la situation actuelle? Toutes les sources thermales, à part deux ou trois exceptions, appartiennent à des particuliers ou à des communes. Nous parlerons plus tard des particuliers; mais les communes qui sont en possession des eaux minérales sont des communes rurales sans mouvement, dépourvues de la vie morale que donnent l'esprit public, l'intelligence de l'intérêt général, les prévisions de l'avenir. Un conseil municipal épuisé par une question forestière ou par un incident relatif au pacage, est chargé de régler ou tout au moins de proposer les projets que doit éveiller l'existence d'une source minérale. Dans cet ensemble de questions où doivent s'agiter toutes les notions de l'art, de l'économie publique, de la science et de la santé publique, l'initiative appartient à des hommes étrangers à toutes ces idées, accoutumés à ramener tous les calculs de leur esprit à leur propre personnalité, et inhabiles à comprendre qu'il est des dépenses productives comme il est des recettes ruineuses. Qu'arrive-t-il? L'avidité rustique se précipite sur les produits de l'établissement comme sur une proie qu'elle doit dévorer en un instant; et elle s'y précipite avec une ignorance complète de l'art qui consiste à concentrer des ressources annuelles, à les ménager pour l'exécution d'un plan et le succès d'un système. On cherche à les attirer sur la commune; la défiance du montagnard repousse toutes les tentatives qui doivent éloigner de son terroir les fonds qu'il convoite; et toute sa finesse s'exerce à créer des besoins pressants pour déjouer les spéculations imaginées dans l'intérêt de l'avenir.

Sous le gouvernement précédent, l'administration avait été frappée de ces abus; elle avait voulu y porter remède, et elle avait décidé qu'il serait fait deux budgets, celui de la commune et celui de l'établissement. Cette distinction, plus nominale que réelle, n'a fait que rendre le mal plus apparent; on sait mieux que les revenus de chaque source se perdent, s'envolent en poussière où en fumée; mais si l'autorité supérieure est ainsi plus en mesure de dominer quelques détails, elle n'a pas plus de force pour faire pénétrer dans la gestion de ces intérêts l'esprit d'initiative et de suite qui peuvent seuls assurer la prospérité des établissements en en retirant tous les bienfaits qu'ils doivent produire. C'est pourquoi ils languissent en France dans un état qui ne répond ni aux besoins de la science, ni aux vœux, aux légitimes exigences de l'opinion. Tel est le résultat, telle est la conséquence fatale de l'accident, du hasard, si l'on veut, qui, faisant jaillir une source sur un terrain désert, en a fait la propriété d'une commune pauvre, isolée ou perdue sur la crête de quelque montagne à peu près inaccessible.

Cependant l'Etat a presque partout fait les frais des routes qui conduisent maintenant les voitures sur ces hauteurs que le pied de l'homme pouvait à peine gravir; ces communications, qui sont souvent des prodiges de l'art, ont été son œuvre ou sont encore sa propriété.

D'un autre côté, on voit autour de la source bienfaisante s'élever les constructions dues à l'industrie privée; ce sont ces constructions, ces villes improvisées par le génie de la spéculation qui deviennent à la fois un attrait et un moyen pour la jouissance des eaux minérales. Sans ces abris, sans les efforts du commerce et la puissance des capitaux, que deviendrait la source? Dans quel cercle restreint n'exercerait-elle pas son action? Quels rares profits ne donnerait-elle pas au

pays qu'elle enrichit, grâce à l'accord de toutes les vo-
lontés et de tous les intérêts, pour appeler vers elle
et pour y retenir des populations entières accourues
de toutes les parties du monde? Il faut remarquer, toutefois, que l'Etat n'exerce, sur l'administration des établissements thermaux, qu'un droit indirect et qu'une
surveillance éloignée. Les propriétaires des maisons,
destinées au logement des étrangers sont aussi sans
aucune part dans la direction de l'intérêt commun, s'ils
ne sont membres du conseil municipal, et ils le sont
rarement ; ce sont presque toujours des industriels qui
ont d'autres résidences. L'esprit rural leur est d'ailleurs hostile ; il sait bien qu'il trouverait en eux des
adversaires contre des habitudes qui sont devenues
des lois, et contre des traditions qui laissent à la pa-
resse tous ses loisirs, à la cupidité tous ses attraits.
Les propriétaires les plus riches sont donc généralement sans voix et sans représentation au conseil municipal ; ils sont naturellement aussi les plus intelli-
gents, et cependant ils doivent subir des lois que re-
poussent à la fois leur intérêt et leur raison.

Est-ce là un état des choses conforme à leur nature?
N'est-il pas repoussé par la logique la plus facile? Ne
serait-il pas mieux de prendre, dans son principe, la
règle en vertu de laquelle on dresse deux budgets, et
de pénétrer plus avant dans ce système? Or, une question se présente d'abord : Pourquoi deux budgets si
c'est la même assemblée qui doit les faire? Les pré-

jugés, la routine, les servitudes de l'esprit ne se séparent pas avec deux feuilles de papier ; et elles laisseront leur noire empreinte sur l'une comme sur l'autre. Si vous voulez deux budgets distincts, il faut donc deux corps distincts qui les préparent. Que le conseil municipal délibère sur les intérêts généraux et collectifs qui constituent l'être communal, rien de mieux ; mais que les plus intéressés et les plus habiles soient appelés à régler spécialement le sort d'une propriété spéciale qu'ils ont en quelque sorte fécondée par leurs capitaux. Presque tous ont associé leur fortune aux chances diverses de l'établissement ; est-il juste qu'ils ne participent pas à son administration ? Nous ne pourrons jamais admettre une telle conclusion ; et nous demandons, en conséquence, que les propriétaires les plus intéressés soient choisis pour dresser le budget particulier de chaque établissement, sous cette condition formelle que les sommes non employées ou non réservées seront mises à la disposition de la commune propriétaire du sol et de la source. Il est bien entendu d'ailleurs que ce budget, comme tous les autres, serait soumis à l'approbation du préfet : le préfet deviendrait ainsi l'arbitre de la somme laissée à la disposition de la commune, et la commune pourrait se reposer avec confiance dans les appréciations du magistrat dont le premier devoir est celui de la tutelle communale. Mais l'initiative au moins viendrait alors d'un conseil au sein duquel les excitations de l'intérêt personnel feraient circuler avec plus d'activité la séve et la vie.

Ce système semble, au premier abord, contrarier la règle et les principes généralement admis; nous croyons, au contraire, que s'il paraît sortir du cadre un peu restreint de nos formes administratives, il rentre mieux que tout autre dans la loi générale qui les a produites.

Quelle est en effet la théorie pure de notre organisation gouvernementale? C'est que les intérêts collectifs s'administrent eux - mêmes en se groupant en des associations formées selon l'identité de leur nature. Ainsi, un conseil municipal règle les affaires de la commune; un conseil d'arrondissement, un conseil général, celles de circonscriptions plus étendues; et cet ordre se poursuit jusqu'à ce qu'on arrive au Corps législatif, qui dirige tous les rapports existant entre l'Etat et la sûreté générale dans ses conditions les plus diverses. On a donc voulu donner partout une satisfaction et une garantie à l'intérêt personnel en lui laissant les soins de sa propre administration; et cet intérêt, la loi le cherche, le choisit à des signes certains. Mais nous avons prouvé qu'elle ne l'a pas rencontré quand elle a chargé de simples conseils ruraux de résoudre les questions difficiles qui naissent de la présence d'une source minérale sur un point quelconque.

Il nous importe peu que la théorie générale que nous avons exposée, et à laquelle nous voudrions ramener l'administration des eaux thermales, paraisse à quelques esprits plus ou moins d'accord avec les faits pratiques : le principe est établi ; il peut éprouver une gêne passagère ; mais il a en lui-même une telle force qu'il en doit triompher ; il peut se reposer dans une inertie accidentelle, mais, s'il est accepté, il doit régner dans les justes limites que lui imposent la prudence et les velléités capricieuses du caractère français ; le gouvernement par soi-même, qui a reçu une glorification éclatante dans un discours récent, mérite les éloges qu'on lui a donnés, et qu'on ne lui donnerait pas s'il n'existait pas au moins en principe ; mais il les mérite à la condition qu'il saura se contenir pour ne pas tomber dans l'anarchie, et à la condition aussi qu'il ne se mentira pas à lui-même ; qu'en un mot, le gouvernement appartiendra à l'intérêt le plus intime et le plus vrai.

Si nous sortons de ces aperçus généraux pour entrer dans la question plus spciale qui nous occupe, et dont nous n'avons voulu qu'indiquer l'origine et la filiation, nous nous demanderons comment et par qui seront élus les propriétaires chargés de l'administration des sources thermales.

Il fut un temps où les esprits se seraient passionnés pour des formes et des conditions électorales ; une ardente controverse aurait poursuivi tous les détails du sujet sans jamais en épuiser aucun. Toutes les imaginations se seraient éveillées pour rechercher le moyen le plus sûr d'arriver au résultat le plus vrai. Sans doute, on croyait alors, sur la foi de Montesquieu, que le peuple a un sens admirable pour choisir les hommes les plus propres aux fonctions qu'il veut leur confier. Plus d'une expérience nous a un peu désabusé de cette généreuse illusion : aussi, nous ne regrettons qu'à demi les choix libres du peuple. Mais si nous sommes de ceux qui ont déploré quelquefois les excès de la lutte, nous sommes aussi de ceux qui pensent que la concurrence des candidatures, la liberté qui les protége, le mouvement qu'elles impriment, le bruit qu'elles font, leurs efforts, leurs complaisances, leurs rudesses même, les engagements qu'elles prennent et ceux qu'elles subissent au milieu d'une atmosphère fortement électrisée, excitent les travaux de la pensée et lui deviennent une source perpétuelle d'inspirations plus ou moins heureuses, et dont le résultat a une incontestable fécondité. Il ne dépend pas de nous de ramener ce passé ; ce n'est pas d'ailleurs un intérêt secondaire et partiel qui peut nous inviter à souffler sur des cendres pour rallumer un feu qui semble éteint. Nous devons nous soumettre à la loi des faits ; nous l'acceptons dans toute sa rigueur ; mais nous la demandons dans toute sa vérité, et nous proposons que le conseil administratif de l'établissement thermal soit composé par le préfet. Les médecins inspecteurs, le maire de la commune seront de droit membres de ce conseil ; et l'évêque aura toujours la faculté de lui présenter ses observations pour toutes les choses qui se rapporteront au culte, si précieux et si consolateur dans ces asiles de la souffrance.

De l'organisation dont nous venons de poser les fondements, il résulte nécessairement que tous les projets d'amélioration que suscitera l'intérêt des propriétaires seront soumis au préfet, qui en aura ainsi l'examen et le jugement. On voit donc que nous agrandissons singulièrement la sphère d'action de ce fonctionnaire ; mais par là même, nous agrandissons sa responsabilité ; et les plaintes qui s'élèvent aujourd'hui pour retomber sur des êtres collectifs qu'elles n'émeuvent point, détermineraient contre lui des reproches qui stimuleraient son zèle et éclaireraient sa vigilance.

Ce n'est pas là pourtant le rôle unique que nous réservons à l'Etat dont le préfet est le représentant. Nous avons déjà démontré, et il nous paraît difficile de contester que les stations thermales sont de véritables établissements d'utilité publique. L'Etat semble l'avoir reconnu lui-même, car il leur distribue souvent des subventions qui ne peuvent être accordées qu'à ce titre. Mais ces subventions, qui ne reposent quelquefois sur aucune condition, qui ne servent à rien créer, qui ne laissent aucune trace, et qui se répandent enfin au gré des caprices, de la faveur ou du hasard, ne peuvent constituer ni un système ni un encouragement : elles devraient, dans notre projet d'organisation, servir de primes offertes aux projets les plus utiles et les mieux conçus, aux localités qui s'imposeraient les plus grands sacrifices pour donner à leurs sources plus d'utilité réelle; il nous plairait même que dans la distribution de ces secours, le Ministre se fît assister d'un conseil composé d'hommes compétents pour éclairer sa décision et ne favoriser que les entreprises autorisées par les lois de la science. Le conseil accorderait, sans doute, une bienveillance particulière aux établissements qui ont le renom bien constaté d'une vertu spéciale qui est en eux et qui leur appartient à un degré que nul autre ne peut atteindre; ils formeraient une catégorie particulière pour être distingués de ceux qui peuvent être les équivalents les uns des autres.

Les établissements privés pourraient concourir à la distribution de ces primes sous la condition que les propriétaires comme les communes exposeraient leurs projets et justifieraient de leurs efforts pour mener à bonne fin l'œuvre qu'ils voudraient faire approuver.

L'attrait de la prime deviendrait ainsi pour tous une cause d'émulation et une excitation permanente. De là sortirait un progrès réel mais mesuré; il ne modifierait que pour améliorer; il ne troublerait ni les habitudes ni les traditions, mais il les soumettrait à des règles plus uniformes, où l'expérience d'un pays deviendrait une leçon pour tous les autres.

Nous ne dissimulerons pas, en finissant, que le système dont nous venons d'indiquer les combinaisons diverses tend à investir l'État d'une grande autorité sur les établissements thermaux. Mais, frappé des abus, des dangers du régime actuel, nous avons dû choisir pour nouvel administrateur, ou l'Etat, ou l'entrepreneur des plaisirs publics. Serré à l'étroit dans cette alternative, qui résulte de la situation générale du pays, nous nous sommes décidé pour l'organisation qui conserve le mieux la nature des choses en la perfectionnant. On peut ne pas adopter notre avis; mais il faut se décider pour ce parti ou pour un autre : il faut agir, si l'on ne veut pas que la France se montre inférieure aux autres États de l'Europe dans l'exploitation de ces grandes richesses de la nature.

Jacques DE VALRIVIÈRE.

Paris, Paul Dupont.
45, rue de Grenelle-St-Honoré.